Ben Willikens

Räume

Moderne Galerie des Saarland Museums
Saarbrücken 1984

Klett-Cotta

Den Leihgebern und Ben Willikens, der Galerie Tilly Haderek Stuttgart und der Südwest-Galerie Karlsruhe, ohne deren Unterstützung Ausstellung und Katalog nicht hätten zustande kommen können, und Dr. Joachim Schwarz für die redaktionelle Mitarbeit am Katalog sei herzlich gedankt.

Georg W. Költzsch

Herausgeber:
Moderne Galerie des Saarland Museums in der Stiftung Saarländischer Kulturbesitz

Fotograf:
Andreas Freytag, Stuttgart

© 1984 Saarland Museum Saarbrücken
und Ernst Klett Verlage GmbH u. Co. KG –
J. G. Cotta'sche Buchhandlung Nachfolger GmbH
und Georg W. Költzsch
© für die Bilder beim Künstler
Alle Rechte vorbehalten.
Gesetzt in der 13/14 p Futura leicht
von Steffen Hahn, Kornwestheim
Reproduktion: VSO Merk + Steitz, Villingen-Schwenningen
Druck: Graphische Betriebe Eberl, Immenstadt
Gebunden bei Dollinger, Metzingen
ISBN 3-608-76168-3

Räume

Georg-W. Költzsch

Tiefe Räume und kurzbemessene Räume malt Ben Willikens. Raum für Raum. Die Räume haben Wände, Boden und Decke. Sie haben Durchgänge, sie haben Fenster. Sie haben Durchgänge und Fenster. Sind die Durchgänge mit Türen versehen, sind diese geschlossen. Die Fenster haben kein Glas, nur manchmal Sprossen. Sie zeigen keinen Himmel, keine Bäume, keinen Kirchturm im Ausschnitt ihres Gevierts. Die Durchgänge in den seitlichen Wänden verwehren mit der Stärke ihrer Laibung den Blick auf das, was hinter ihnen liegt. Die Durchgänge in der Tiefe der Räume führen zu weißen Wänden und zu den geschlossenen Türen eines weiteren Raumes.
Innenräume malt Ben Willikens. Innenräume, die außen keine Gestalt haben, keine Fassaden. Der Außenraum ist immer nur Innenraum wieder. Die Wände setzen nicht Grenzen zu Hof, Garten und Straße, die Wände teilen Räume von Räumen. Innenräume von Innenräumen von Innenräumen. Und jeder Raum hat seine Mitte darin.
Die Räume sind leer. Sie sind nie bezugsfertig geworden. Irgendwann wurden die Pläne geändert, Ausstattung und Einrichtung der Räume begonnen und nie abgeschlossen. Es sind Kabel verlegt und Türen gesetzt, elektrische Uhren installiert und Steckdosen vorbereitet, einmal ein Waschbecken, eine Glühbirne in roher Fassung, eine Lichtröhre. Und dann nur Strippen und Drähte und seltsame Stachel in den Fußböden. Gegen die Wände sind Stäbe gelehnt oder eine weiße Platte. Von der Decke hängt das vergessene Lot eines Baumeisters herab oder nur eine Schlinge.
Die Räume sind groß wie Werkhallen und Bahnhöfe, nobel geschnitten wie Residenzen, angelegt wie behagliche Stuben. Aber nichts wird in ihnen gefertigt, nie-

„Flur Nr. 19", 1974
Acryl auf Karton, 100 x 73 cm
(Slg. Ginsburg, Washington)

mand kommt an, residiert oder wohnt in ihnen. Die Räume von Ben Willikens sind leer. Ihre Leere wird in den verbliebenen Relikten ihrer nie fortgeführten Ausstattung nur um so deutlicher empfunden.

Es sind konstruierte Räume. Sie sind streng von vorn gesehen. Ihre Längsachse verläuft fast immer in der Mittelachse des Bildes. Auf dieser Mittelachse liegt der Fluchtpunkt der konvergierenden Orthogonalen. Die Raumdarstellungen folgen den alten Gesetzen der Zentralperspektive, die Systematik der „Sehpyramide" ist ihnen vorausgesetzt. Die Räume sind so völlig gegenwärtig im illusionistischen Erscheinungsbild ihrer Räumlichkeit. Und sie sind doch zugleich fern in der Immaterialität ihrer Erscheinungsweise.

Die Decken sind wie die Wände, die Wände wie die Böden. Das Auge sucht Stein zu sehen, Holz, Glas, Metall, aber es findet nur weiße und graue Flächen, die sich im Aufriß der Perspektivkonstruktion aneinanderfügen. Makellose Flächen ohne Spuren von Material und Verarbeitung, Flächen ohne Fugen und Risse. Mit der gezeichneten Linie des entwerfenden Planers fest umrissen, wahren sie ihre Grenzen. Das Licht überstrahlt sie nicht, und der Schatten schmelzt sie nicht ein. Die Räume von Ben Willikens sind auf dem Reißbrett hochgezogen und in die Illusion des Wirklichen gestellt, das sie doch nicht annehmen.

Es gibt über dem Boden schwebende Stangen und merkwürdige Lichtflocken wie Wattebällchen. Es gibt Lichtreflexe wie auf gebohnertem Parkett und Glanz wie auf Marmorböden, wo doch weder Parkett noch Marmor zu finden sind. Es gibt Schatten, die ohne erkennbaren Lichteinfall geworfen werden. Es gibt Fenster, die licht sind, aber kein Licht abgeben.

Das Licht steht in den Räumen von Ben Willikens. Es schneidet sich als weiße Fläche aus dem Grau der Wände und verharrt in ihnen. Es bemißt den Weg in den inneren Raum im Maß seines konstruierten Zuschnitts und steht. Das Licht steht schon in seinem Ursprung. Es ist kein Tageslicht, das mit den Stunden wandert, das sich färbt mit den Tageszeiten. Es ist weißes Licht, das aus den angrenzenden Lichträumen, dort wie zu Kuben von Helligkeit geformt, seinen Widerschein abgibt. Orthogonales Licht, das sich rektangulär an die Achsen der Räume bindet. Geometrisches Licht, das selbst dort, wo seine Bahnen im Boden zu versickern begin-

„Schlafsaal Nr. 2", 1974/1975
Acryl auf Leinwand, 200 x 160 cm
(Kunsthalle Mannheim)

nen, die Geometrie seiner Form wahrt. Und mit dem Licht stehen die Schatten. Sie sind in das Maß seiner beharrenden Formen genommen. Stäbe, im Zustand einer früheren Zeit gegen die Wände gelehnt, verbinden sich diesen auf Dauer im ergänzenden Dreieck ihrer Schattenlinien. Schattenprismen lagern sich unter die Fensterbänke, ein Lot wird mit seinem Schatten zur imaginären Raumscheibe. Das sind geometrische Schatten, die ihre Geometrie selbst gegen das Licht wahren und ohne bewirkendes Licht bewahren.

Lichte, durchlichtete Räume malt Ben Willikens. Aber die Helligkeit, die Ausleuchtung der Räume kommt nicht vom Licht der Fenster und Durchgänge. Es gibt hell angestrahlte Wände, deren Lichtquelle ihnen gegenüberliegen müßte – aber dort befindet sich keine Öffnung, kein Fenster, kein Durchgang. Das Licht kann nicht von außen eingefallen sein, etwa vom Standort des Betrachters aus, dem stehen die Schattenwürfe entgegen. Da finden sich schattige Wände, die hell, und helle Wände, die dunkel sein müßten. Und dort, wo Licht von oben einfallen müßte, ist die Decke geschlossen. Dreierlei Arten von Licht besiedeln die Räume von Ben Willikens. Ein eigenwilliges und eigenes graues Licht, das sich wie pulverisiertes Leuchten an und zwischen den grauen Wänden ausgebreitet hat; dann das weiße Licht der Durchgänge mit ihrem Widerschein und das Leuchten oder die blendende Helligkeit der weißen Fensterflächen und Öffnungen, die ihr Licht in sich selbst halten; schließlich die weißen Formen scheinbarer Fenster und der lichthaften Körper, die selbst wieder Schatten werfen können.

Das erste Licht bewirkt die Suggestion des Räumlichen, es wandelt die Raumkonstruktion zur Raumillusion. Es füllt das planimetrische Liniengerüst des Aufrisses mit Volumen, es stiftet aus dem additiv Zusammengefügten eine räumliche Einheit in der Abfolge von Hell zu Dunkel und vom Dunkeln zum Hellen. Dieses Licht fügt dem Maßstab des Meßbaren die Dimension des Fühlbaren hinzu. Die Tiefe und die Breite der Räume erstrecken sich erst mit dem Licht, und erst mit ihm erheben sich die Räume zu ihrer Höhe.

Das zweite, in seiner Form gebannte Licht bannt die Räume in seiner Mitte. Es gibt keine dunklen und verschatteten Neben- oder Seitenräume, es gibt keinen Austausch des Lichts von Innen nach Außen. Wo immer sich ein Durchgang oder eine

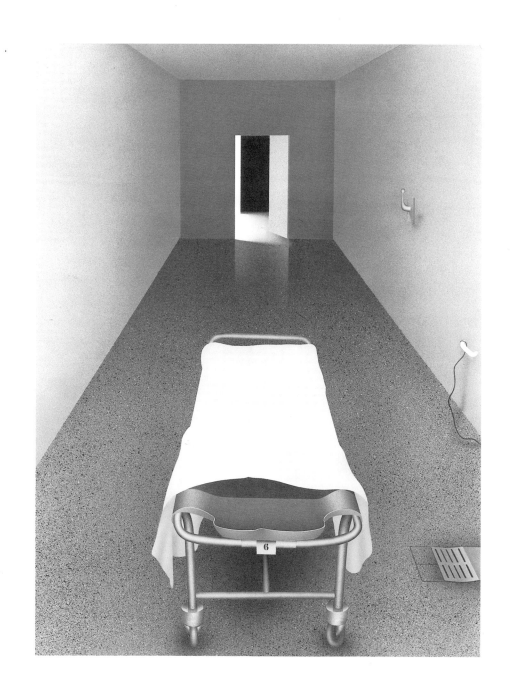

„Bahre Nr. 6", 1974
Acryl auf Karton, 100 x 73 cm
(Privatsammlung)

Öffnung findet, schmal geschnitten oder breit wie ein Portal, als kleiner Okulus oder weiter Lichtschacht an der Decke, stets ist er ausgefüllt mit dem gleichen blendenden Weiß eines angrenzenden Lichtraumes, dessen Helligkeit den inneren Raum abschließt oder in ihn hineindrückt und damit sogar den perspektivischen Tiefenzug abzufangen und geradezu umzukehren vermag.

Jeder Raum ist Mitte in diesem Licht, ist hineinkonstruiert in einen imaginären Lichtraum wie in gefrorene Milch.

Das dritte Licht materialisiert sich als eigene Formen von Lichtkörpern in den Innenräumen. Da sind die weißen Quadrate oder Rechtecke an den Rückwänden, die wie hochgelegene Fenster über Türen und Durchgängen angebracht sind. Aber sie sind nicht in die Wände eingelassen, verfügen nicht wie die Durchgänge und Fenster über eine Laibung. Sie sind nur weiße Flächen und doch manchmal lichthafte Körper, die Schatten werfen können.

Da sind die steckdosenhaft kleinen Quadrate, in denen sich die Helligkeitsstufen der Räume im Licht von Weiß bis Dunkelgrau darstellen. Da sind die Lichter, die über den Durchgängen an Glühbirnen erinnern und doch nur Lichtflocken sind gleich denen, die über dem Boden der Räume schwebend dahingleiten. Da sind die an den Wänden abgestellten Platten, die weiß sind wie das weiße Licht der Durchgänge, die Schatten werfen, aber selbst nie verschattet werden (wie die Wände, vor denen sie stehen). Dinge wandeln sich zu Licht und Licht wandelt sich zu Dingen. Grau und Weiß sind Gegenstandsfarbe und Licht in einem.

Die Metamorphose verharrt in der Balance. Die hellen Neonröhren, die gelegentlich noch in die Räume eingehängt sind, sind von der gleichen Substanz wie das Licht in den Fenstern und Durchgängen. Am Ende des Zyklus füllt ein Rechteck als reine weiße Lichtform den Raum und es ist zugleich Raumkörper durch den Schatten, den es wirft.

Das Licht hat sein eigenwilliges System in den Bildern von Ben Willikens, und es scheint sich damit in Widerspruch zur Systematik der Raumkonstruktion zu setzen. Denn die Zentralperspektive als Methode der Raumdarstellung hat gerade darin ihren Sinn, daß sie alle Dinge und Erscheinungen – die Gegenstände wie das Licht und den Schatten – von einem Blickpunkt aus unter einen einheitlichen Maß-

„Warteraum Nr. 5", 1972 und 1977
Acryl auf Leinwand, 160 x 120 cm
(Privatsammlung)

stab bringt. Die Zentralperspektive weist ihnen Größe, Distanz und Richtung zu. Und gemäß den Gesetzen der Zentralperspektive sind auch die Räume von Ben Willikens dargestellt: Alle Orthogonalen konvergieren korrekt im eindeutig bestimmbaren Fluchtpunkt, und sie bestimmen die Größenverhältnisse und die Abstände und die Richtungen im Raum. Nur die Lichter und die Schatten fügen sich nicht. Sie können erscheinen, wo und wie sie nicht sein dürften, und sie können fehlen, wo sie sein müßten.

Die Perspektivkonstruktion sucht ein der Wirklichkeit nahes Sehbild zu entwerfen. Das Licht verweigert sich dieser Wirklichkeit. Es hat seine eigene und eigenständige Wirklichkeit. Es hat keinen natürlichen Ursprung und es ist allseitig. Es ist nicht an einen Ursprung gebunden, es besteht aus sich und für sich selbst. Es verteilt sich nach einem anderen Maßstab als dem der Natur. Es streut nicht, es faßt sich in geometrisches Maß. Und seine geometrische Erscheinungsweise ist es, die das Licht mit der Konstruktion der Perspektivräume in einem gemeinsamen Plan zusammenbindet.

Ben Willikens teilt die Bildfläche und teilt ihr Maß dem Maß seiner Räume zu. Es gibt keinen Raum, der außerhalb des Bildmaßes und unabhängig von ihm entstanden ist, also gleichsam nur hineingepaßt worden wäre in die Bildfläche. Ihre Achsen, Höhen- und Breitenmaße bestimmen die Symmetrie und die Größe der Räume. Sie bestimmen die Anordnung und die Dimension der Durchgänge, Türen und Fenster in den Wänden, die Abstände zwischen ihnen und ihre Lage im Raum zueinander.

Die Höhe der Räume, die räumliche Entfaltung der Wände, Decken und Böden entstehen aus einer zumeist sehr einfachen Achsensymmetrie. Die Anordnung der Raumöffnungen und der wenigen Ausstattungsstücke aber folgt einem geradezu equilibristischen Komponieren.

So kann etwa die Breite der Rückwände eines Raumes die Hälfte der Bildbreite oder der Bildhöhe einnehmen. Der Durchgang im Hintergrund mißt manchmal ein Drittel der Bildhöhe oder ein Viertel oder ein Achtel der Bildbreite. Dieselben Maße bestimmen dann häufig die Abstände zwischen zwei seitlichen Durchgängen oder den Abstand vom Gewände eines mittleren Durchganges bis zu einer

„Abendmahl", 1976/1979
Acryl auf Leinwand, 300 x 600 cm
(Deutsches Architekturmuseum, Frankfurt)

seitlichen Öffnung oder zu einem der an den Wänden abgestellten Platten. Der Wandschatten einer solchen Platte übernimmt das Maß eines hinteren Durchganges und ihre mittlere Länge entspricht der diagonalen Erstreckung der Lichtfüllung eines Portals. Die Höhe einer Rückwand addiert sich aus den ineinandergefügten Abstandsmaßen zwischen einzelnen Architekturelementen oder sie entspricht der Länge einer herabhängenden Schlinge, und die Länge einer solchen Schlinge oder eines Lotes wiederum entspricht der Höhe einer Lichtöffnung vom Fußpunkt bis zu jener Lichtflocke über ihr. Der Abstand eines herabhängenden Strickes zur Rückwand kann so groß sein wie die hintere Tür breit ist. Die Höhe eines Durchganges hat das Maß, wie der Abstand von seinem hellen Widerschein auf dem Boden zur halben Höhe der Rückwand beträgt. Die Länge einer solchen Lichtbahn findet sich wieder im Abstand vom Fußpunkt einer abgestellten Stange zu einem Stachel im Boden. Die Stäbe an den Wänden und die seltsam über dem Boden schwebenden Stäbe folgen Teilungsmaßen der Bildfläche oder Teilungswerten anderer Raumdistanzen. Kurzum: In den Räumen von Ben Willikens gibt es kaum ein Größenmaß, kaum ein Längen- oder Distanzmaß, das sich selbst überlassen bleibt. Und die Räume benötigen dieses Bezugssystem der Maße, weil die Gliederung der Wände in den Proportionen der Türen, Fenster, Portale und Durchgänge die Symmetrie der Räume angreift und sie aus dem Gleichgewicht zu bringen sucht. Sie drohen geradezu über ihre Mittelachse abzukippen, wenn ein oder zwei große durchlichtete Öffnungen in eine Seitenwand gefügt sind, denen auf der gegenüberliegenden Wand nichts die Waage hält. Denn das weiße Licht wiegt schwerer als das graue Licht der Wände. Die leeren, breiten und tiefen, perspektivisch hochgezogenen Böden können die Räume über ihre Horizontalachse nach unten ziehen, wenn sie kein Gegengewicht finden. Doch den Boden hält das weiße Licht einer Deckenöffnung oder das weiße Licht eines rückwärtigen Raumes in der Balance.

Licht gefährdet und stabilisiert zugleich die Ponderation der Räume. Das blockhafte Licht der Durchgänge wird ausgeglichen durch die ausgreifenden Lichtbahnen seines Widerscheines am Boden. Der Widerschein wird aufgefangen durch den Lichtkörper einer Platte an der gegenüberliegenden Wand. Er verfugt sich mit dem Widerschein eines rückwärtigen Portales und zerteilt und gewichtet damit den übergroßen Bodenbereich. Das Licht der kleinen weißen Quadrate, rechts oder links an den Rückwänden angesiedelt, oder die streunenden Lichtflocken bringen das eben erst gewonnene Gleichgewicht in eine neue Anspannung und zu einem neuen Ausgleich.

Licht ist in den Räumen von Ben Willikens als ein fester, unwandelbarer Stoff eingesetzt. Es hat geradezu materielle Gewißheit. Die Räume sind nicht in Stein, Holz und Glas ausgeführte Architektur, sondern Architekturpläne, die von Helligkeitsstufen des Lichtes ausgefüllt sind. Licht ist hier Baustein. Es ist hart in dieser dringlichen Gegenwärtigkeit und es bleibt doch zugleich fremd und unfaßbar in der Ungewißheit seines Stoffes, seines Ursprungs und seiner Eigenwilligkeit. Es hat ein Metrum, das es mit den Räumen teilt und mit dem es zugleich das Gleichmaß der Räume stört und in die höhere Ordnung der Harmonie bringt. Die perspektivischen Raumkonstruktionen wiederum geben der Ungewißheit des Lichtes die Suggestion des Wahrscheinlichen, seiner Fremdheit vertrauten Boden und seiner Unfaßbarkeit körperliche Erlebbarkeit.

Der Zyklus der „Räume", den Ben Willikens 1981 mit dem „Raum 0" beginnt, versammelt in sich beschlossene Innenräume, deren jeder eine in sich ruhende, in sich stimmige Welt veranschaulicht. Die Räume beziehen alles aus sich selbst, ihre Außenwelt ist immer die Innenwelt der Räume wieder. Was sie von Außen aufgenommen haben, die Relikte der Ausstattungsstücke, die Uhren, Leuchtröhren, Waschbecken, Kabel, das alles ist zu ihrem Eigenen geworden, eingebunden in die Selbständigkeit und Eigenwilligkeit ihrer Erscheinungsweisen in Maß und Licht. Sie haben ihre eigene Zeit in der Unwandelbarkeit und in der Festigkeit des Lichts. Die Räume entbehren keine Außenwelt und sie schließen sich nicht von ihr ab, weil sie diese nicht für ihr Dasein voraussetzen. Weil sie keine Außenwelt außerhalb ihrer selbst haben, ist ihre Leere nicht Abwesenheit von etwas oder jemand Bestimmten. Ihre Leere ist nicht Isolation. Sie ist Offensein. Ihre Leere ist nicht Angst. Sie ist Erwartung. Und es ist diese offene Erwartungshaltung der „Räume", die sie von allen vorausgehenden Raumdarstellungen im Werk von Ben Willikens unterscheidet.

Raum 0

Raum 1

Raum 2

Raum 3

Raum 4

Raum 6

Raum 7

Raum 8

Raum 9

Raum 10

Raum 11

Raum 12

Raum 13

Raum 14

Raum 15

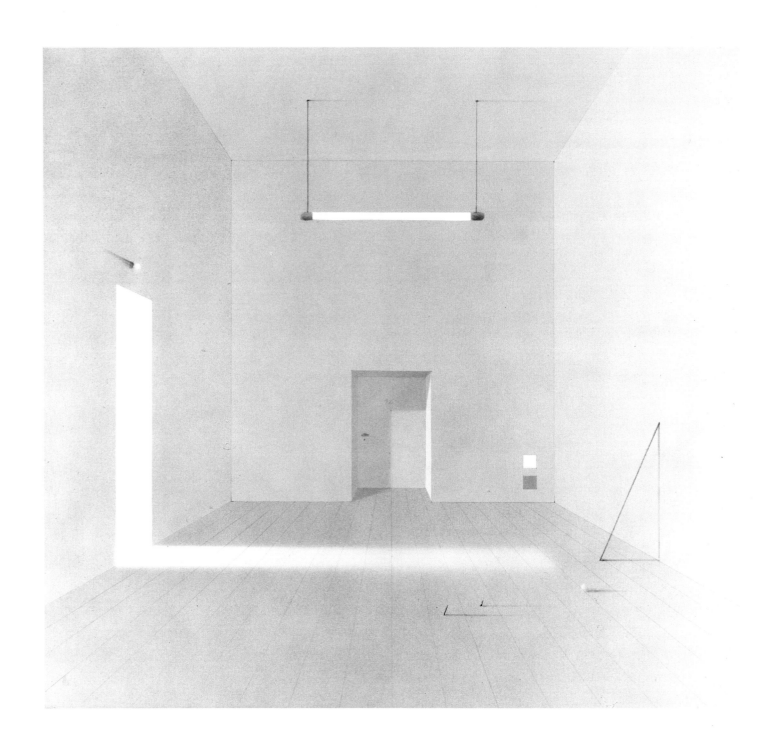

Raum 16

Raum 17

Raum 18

Raum 19

Raum 20

Raum 21

Raum 22

Raum 23

Raum 24

Raum 25

Raum 26

Raum 27

Raum 28

Raum 29

Raum 30

Raum 31

Raum 32

Raum 33

Raum 34

Raum 35

Raum 36

Raum 37

Raum 38

Raum 39

Raum 40

Raum 41

Raum 42

Raum 43

Raum 44

Raum 45

Raum 46

Raum 47

Verzeichnis der Gemälde

Alle Bilder Acrylfarbe auf Leinwand: 150 x 160 cm

Bezeichnung jeweils auf der linken Seite des Keilrahmens:
Ben Willikens und Jahreszahl

Bezeichnungen auf der Rückseite des Keilrahmens:
Namensstempel sowie Stempel für Technik, Maße, Jahr
mit entsprechenden Angaben

Raum 0   1981
Fensteröffnung rechts, weiße Platte links

Raum 1   1981
Fensteröffnung rechts, links 3 Drähte, helles kleines Quadrat

Raum 2   1981
Lichteinfall durch Türöffnung rechts
in der Mitte kleine geschlossene Tür; darüber weißes Quadrat

Raum 3   1981
Lichteinfall durch Türöffnung rechts und durch Türöffnung hinten links

Raum 4   1982
Lichteinfall durch zwei Türöffnungen rechts,
kleine geschlossene Tür in der Mitte

Raum 5   1982
Musée d'Art moderne, Strasbourg
(nicht ausgestellt und nicht abgebildet)
Lichteinfall durch zwei Türöffnungen rechts,
bogenförmiger Mauerdurchbruch über kleiner geschlossener Tür

Raum 6   1982
Lichteinfall durch zwei Türöffnungen, durch Oberlicht und Türöffnung
in der Mitte, Stab und weiße Platte links

Raum 7   1982
Lichteinfall durch Türöffnung rechts und Türöffnung in der Mitte

Raum 8   1982
Lichteinfall durch Türöffnung rechts, rechteckiges Oberlicht und
Türöffnung in der Mitte

Raum 9   1982
Lichteinfall durch Türöffnung rechts und kleines Tor in der Mitte,
herabhängender Draht links

Raum 10   1982
Oberlicht und Neonröhre
Lichteinfall durch zwei Türöffnungen rechts, geschlossene Tür links

Raum 11   1982
Lichteinfall durch zwei Türöffnungen rechts, Oberlicht und Türöffnung
in der Mitte, links Stab und hängender Draht

Raum 12   1982
Lichteinfall durch Türöffnung rechts,
Tordurchblick in hellen Raum auf geschlossene Tür

Raum 13   1982
Lichteinfall durch zwei Türöffnungen links,
in der Mitte geschlossene Tür, darüber weißes Quadrat
Ein Bogen überspannt den Raum, rechts Stab und weiße Platte

Raum 14   1982
Tordurchblick in hellen Raum auf geschlossenes Tor,
Normaluhr unter einem Bogen, rechts Stab

Raum 15   1982
Lichteinfall durch zwei Türöffnungen rechts,
Blick durch Torbogen in hellen Raum auf geschlossenes Tor,
Normaluhr unter einem Bogen, links weiße Platte

Raum 16   1982
Lichteinfall durch Türöffnung links, geschlossene Tür in der Mitte,
darüberhängende Neonröhre, rechts Stab

Raum 17   1982
Lichteinfall durch zwei Türöffnungen links, weißes Quadrat, Fenster
oben in der Mitte, rechts Stäbe und weiße Platte, hängender Draht

Raum 18   1982
Lichteinfall durch kleinen Torbogen in der Mitte,
darüber großes helles Rechteck/Fenster,
rechts helle geschlossene Tür, links Stäbe und herabhängender
Draht mit kleiner schwarzer Kugel

Raum 19   1982
Lichteinfall durch Torbogen in der Mitte,
darüber Normaluhr, links zwei helle, geschlossene Türen,
rechts herabhängender Draht, ein Bogen überspannt den Raum

Raum 20   1982
Lichteinfall durch zwei Türöffnungen links,
helles Rechteck/Fenster über geschlossener Tür in der Mitte,
rechts weiße Platte und herabhängender Draht

Raum 21   1982
Tordurchblick auf helle Wand, darüber Normaluhr, links zwei
spiegelnde Türen, rechts weiße Platte, Stab und herabhängender
Draht mit kleiner schwarzer Kugel

Raum 22   1982
Lichteinfall durch Türöffnung links in leeren Raum,
geschlossene Tür in der Mitte, Neonröhren an der Decke

Raum 23   1984
Lichteinfall durch Türöffnung links,
Blick durch hohes Tor in hellen Raum auf geschlossene Tür
Normaluhr unter einem Bogen, rechts Stab

Raum 24   1982
Lichteinfall durch hohe Türöffnung links,
Blick durch Torbogen in hellen Raum, darüber weißes Quadrat,
Verschlossene Tür rechts neben dem Torbogen,
rechts herabhängender Draht mit kleiner schwarzer Kugel

Raum 25   1982
Lichteinfall durch Türöffnung links, daneben geschlossene
spiegelnde Türen, weißes Rechteck/Fenster in der Mitte,
rechts Reihenwaschrinne und herabhängender Draht mit schwarzer Kugel

Raum 26   1982
Diagonaler Balken mit Schlagschatten rechts, geschlossene Tür
in der Mitte

Raum 27   1982
Fensteröffnungen rechts, geschlossene Tür in der Mitte,
links daneben kleines, weißes Quadrat

Raum 28   1982
Fensteröffnung rechts, kleines weißes Quadrat auf Stirnwand unten links

Raum 29   1982
Fensteröffnung links, weiße Elemente auf Boden und Wand

Raum 30   1982
Lichteinfall durch Türöffnung links, geschlossene Tür in der Mitte,
rechts daneben kleines Quadrat, herabhängender Draht mit schwarzer
Kugel rechts

Raum 31   1982
Fensteröffnung links, weiße Elemente auf Boden

Raum 32   1982
Fensteröffnung links, weiße Elemente auf Wand und Boden

Raum 33   1982
Fensteröffnung links, weißes Element auf Wand

Raum 34   1982
Fensteröffnung rechts, weiße Elemente auf Boden

Raum 35   1984
Tordurchblick in hellen Raum auf geschlossene Tür,
Normaluhr über dem Tor

Raum 36   1984
Tordurchblick in hellen Raum auf geschlossene Tür,
Normaluhr unter einem Bogen, herabhängender Draht rechts

Raum 37   1984
Tordurchblick in hellen Raum, darüber Normaluhr und Oberlicht,
herabhängender Draht rechts

Raum 38   1984
Lichteinfall von rechts, Tordurchblick in hellen Raum auf geschlossenes
Tor, an linke Wand gelehnte weiße Platte, Normaluhr

Raum 39   1984
(siehe auch OKTOGON Bild 3)
Lichteinfall durch Türöffnungen links, Tordurchblick in hellen Raum,
von links in den Raum führende schwebende Linie

Raum 40   1984
Lichteinfall durch Türöffnung links, Tordurchblick in hellen Raum,
herabhängender Draht rechts

Raum 41   1984
Lichteinfall durch Türöffnungen rechts, Tordurchblick in hellen Raum
auf geschlossenes Tor, bogenförmiger Mauerdurchbruch über dem Tor

Raum 42   1984
Lichteinfall durch Türöffnung rechts auf weiße Platte an der Wand gegenüber, Blick durch hohen Torbogen in hellen Raum auf geschlossenes Tor, von links in den Raum führende schwebende Linie

Raum 43   1984
Fensteröffnung links, vor der Stirnwand weißes Quadrat mit Schlagschatten

Raum 44   1984
Großes Oberlicht, geschlossene Tür in der Mitte, herabhängender Draht

Raum 45   1984
Blick durch großes Tor in hellen Raum auf hohes, geschlossenes Rundbogentor

Raum 46   1984
Blick durch großen Torbogen in hellen Raum auf hohes, geschlossenes Tor

Raum 47   1984
Vor der Stirnwand: großes, weißes Quadrat mit Schlagschatten, herabhängender Draht.
Im Schatten: kleines dunkles Quadrat

Abbildungen aus den Skizzenbüchern

Die Skizzenbücher haben das Maß 15 x 10 cm.
Die Eintragungen erfolgten mit schwarzem Stift.

Doppelseite aus Skizzenbuch 6 (1982)
Bezeichnungen gleichlautend: großer blockierter Raum

Aus Skizzenbücher 6 (1982) und 7 (1982)
Bezeichnungen: „Raum"/mit/rundem Oberlicht „großer Raum"

Doppelseite aus Skizzenbuch 7 (1982)
Studie zu Raum 10 (1982)
Bezeichnung unten: großer Raum/mit/Oberlicht und/Neonröhre

Aus Skizzenbuch 7 (1982)
Bezeichnung unten: Raum/mit/Rundbögen

Doppelseite aus Skizzenbuch 8 (1982)

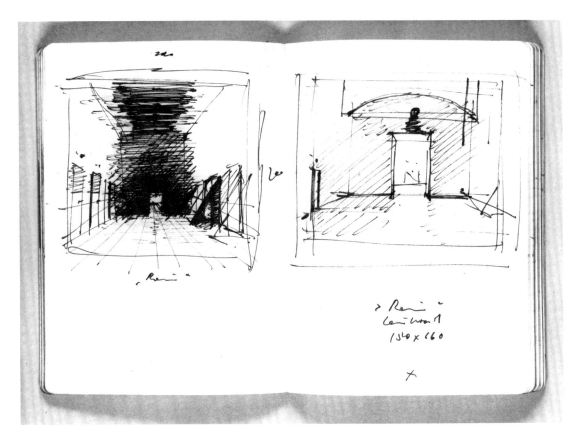

Aus Skizzenbücher 8 (1982) und 11 (1984)

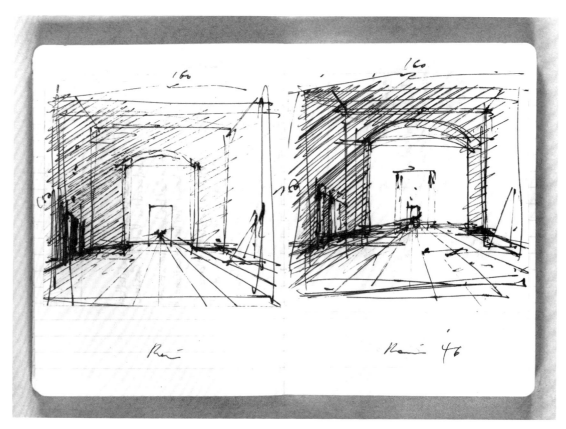

Doppelseite aus Skizzenbuch 12 (1984)

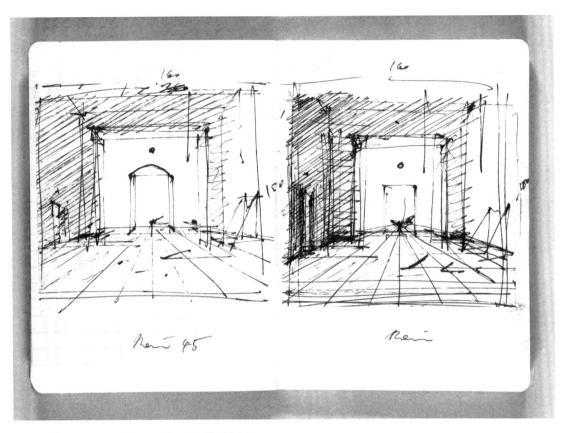

Doppelseite aus Skizzenbuch 12 (1984)

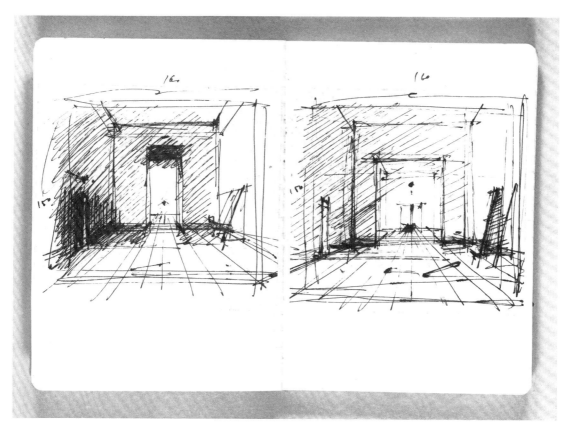

Doppelseite aus Skizzenbuch 12 (1984)

Biographie

1939   geboren in Leipzig
1962–1967   Studium der Malerei an der Staatlichen Akademie der Bildenden Künste Stuttgart bei Heinz Trökes
1964   Stipendium der Studienstiftung des Deutschen Volkes
1965/66   Stipendium der Studienstiftung für London
1968   Stipendium der Akademie der Künste Berlin
1970   Villa-Romana-Preis, einjähriger Aufenthalt in Florenz
1972   Villa-Massimo-Preis, einjähriger Aufenthalt in Rom
1972   1. Preis der BRD, Grafik-Biennale in Florenz
1975   Teilnehmer an der III. Triennale Indien, Neu-Delhi
1977   Professur für Malerei an der Fachhochschule für Gestaltung Pforzheim
1982   Professur für Malerei an der Hochschule für Bildende Künste Braunschweig
1983   Hans-Molfenter-Preis, Stuttgart

lebt in Stuttgart und Braunschweig

Einzelausstellungen

Katalog (K)
- 1971 Galerie Niepel, Düsseldorf
- 1972 Staatliche Grafische Sammlung München (K)
- 1974 Galerie Giulia, Rom (K) · Kunstpavillon, Soest · studio f, Ulm
- 1975 Kunsthalle Tübingen (K)
  Galerie Niepel, Düsseldorf
- 1976 Studio Jaeschke, Bochum
  Galerie t, Amsterdam
- 1977 Galerie Edith Seuss, Buchschlag, Frankfurt
- 1978 Galerie Suzanne Fischer, Baden-Baden
  Kunstverein Freiburg (K)
  Kunstverein Pforzheim, Reuchlinhaus
- 1979 Galerie Tilly Haderek, Stuttgart
  Südwest-Galerie, Karlsruhe
  Galerie Jürgen Ahrens, Koblenz (K)
- 1980 Staatsgalerie Stuttgart „Abendmahl" (K)
  Westfälischer Kunstverein, Münster „Abendmahl" (K)
  Galerie St. Johann, Saarbrücken
- 1981 Sprengelmuseum, Hannover (K)
  „Transformation eines Raumes – Malerei als Installation"
- 1982 Pinacoteca di Brera, Mailand „Abendmahl" (K)
  Galerie Büning, Hamburg
  Galerie Tilly Haderek, Stuttgart
- 1983 Südwestgalerie, Karlsruhe
  Niederrheinischer Kunstverein, Wesel, „Weseler Altar" (K),
  Ulmer Museum, Ulm
  Galerie der Stadt Stuttgart (K)
- 1984 Galerie Kaiser, Freiburg
  Westfälischer Kunstverein, Münster „Weseler Altar" (K)
  Institut für moderne Kunst in der Schmidt-Bank-Galerie, Nürnberg

Ausstellungsbeteiligungen

1969 Württembergischer Kunstverein, Stuttgart
1971 „Aktiva '71", Haus der Kunst, München
 „Aktiva '71", Landesmuseum, Münster
1972 „Zeichnung der Gegenwart", Kunsthalle Zürich
 III. Internationale Grafik-Biennale Florenz
1973 „Wilhelm-Morgner-Preis", Soest
 „Mit Kamera, Pinsel und Spritzpistole – Realistische Malerei in unserer Zeit", Ruhrfestspiele Recklinghausen
1975 III. Triennale India (6 deutsche Maler) Neu-Delhi
 „Der ausgesparte Mensch, Aspekte der Kunst der Gegenwart", Kunsthalle Mannheim
1976 „Menschenleere Räume", Badischer Kunstverein, Karlsruhe
 „Einblicke – Ausblicke", Ruhrfestspiele Recklinghausen
1977 IX. Festival international de la peinture, Cagnes-sur-Mer (deutscher Beitrag: Bramke, Heider, Willikens)
 „z. B. Villa Romana, Kunstförderung in Deutschland I", Kunsthalle Baden-Baden, Kunsthalle Recklinghausen
 „I materiali del linguaggio, artisti tedeschi a Firenze, Villa Romana 1961–1977", Palazzo Strozzi, Florenz
 „Quadriennale", Palazzo del Esposizioni, Rom
1978 Internationaler Kunstmarkt Düsseldorf, „One-man-show", Galerie Tilly Haderek
1979 „Formen des Realismus heute – 20 deutsche Maler und Zeichner", Warschau, Chicago
1980 „Forms of realism today", Musée d'art contemporain, Montréal
1982 Hommage à Barnett Newman, Nationalgalerie Berlin
1983 „Realistische Zeichnungen – 8 Künstler aus der Bundesrepublik Deutschland", Nationalgalerie Berlin, Barbican Centre Concourse Gallery, London, 1984 Kunstverein Salzburg
 „Imago – Das künstlerische Credo", Nürnberg

1984 „Varianten-Sequenzen", Dreißig deutsche Maler, National-
pinakothek Athen
„Images & imaginaires d'architecture", Centre Georges
Pompidou, Paris
„Kunstlandschaft Bundesrepublik", Kunstverein Frankfurt,
Württembergischer Kunstverein Stuttgart

Bibliographie

Auswahl

1. Juliane Roh, Deutsche Kunst der 60er Jahre, München 1972
2. Peter Sager, Realismus, Köln 1973
3. Wolfgang Rainer, Katalog Villa Massimo, Rom 1973
4. Gustav René Hocke, Göttinger Tageblatt vom 26. 9. 1973
5. Diulio Morosini, Paese Sera vom 25. 5. 1974
6. Diulio Morosini, Katalog Galerie Giulia, Rom 1974
7. Rolf-Gunter Dienst, Deutsche Kunst, eine neue Generation; das Kunstwerk 3/1974
8. Eduard Beaucamp, FAZ vom 16. 11. 1974
9. Reinhold Wurster, Südwestpresse vom 19. 11. 1974
10. Juliane Roh, Deutsche Druckgrafik seit 1960, München 1974
11. Götz Adriani, Günther Wirth, Werkmonografie, Kunsthalle Tübingen 1975
12. Helmut Schneider, Die Zeit vom 16. 5. 1975
13. Rolf-Gunter Dienst, das Kunstwerk, 5/1975
14. Karin Thomas, Bis Heute: Stilgeschichte der bildenden Kunst im 20. Jh., Köln 1975
15. Wolfgang Rainer, Stuttgarter Zeitung vom 30. 4. 1975
16. Sibylle Maus, Stuttgarter Nachrichten vom 30. 4. 1975
17. Heinz Fuchs, Katalog „Der ausgesparte Mensch, Aspekte der Kunst der Gegenwart", Kunsthalle Mannheim 1975
18. Thomas Grochowiak, Katalog III. Triennale India 1975
19. Michael Schwarz, Katalog „Menschenleere Räume", Badischer Kunstverein, Karlsruhe 1976
20. Karin Thomas, Lexikon der modernen Kunst seit 1945, Köln 1977
21. Ute Diehl, FAZ vom 27. 7. 1977
22. Vanni Bramanti, Katalog „I materiali del linguaggio, artisti tedeschi a Firenze", Palazzo Strozzi, Firenze 1977

23 Andreas Pfeiffer, Katalog „z. B. Villa Romana, Kunstförderung in Deutschland I", Kunsthalle Baden-Baden 1977.
24 Lothar Romain, Katalog Willikens Zeichnungen, Kunstverein Freiburg 1978
25 Hans Otto Fehr, Badische Zeitung vom 14. 4. 1978
26 Rolf-Gunter Dienst, das Kunstwerk, 2/1978
27 Rudij Bergmann, Stuttgarter Nachrichten vom 4. 7. 1978
28 Rudij Bergmann, Gespräch mit Ben Willikens, Stuttgarter Nachrichten vom 13. 12. 1978
29 Wolfgang Rainer, Stuttgarter Zeitung vom 30. 12. 1978
30 Reinhold Wurster, Südwestpresse vom 5. 1. 1979
31 Joachim Burmeister, Lothar Romain, Tilman Osterwold, in: „Ben Willikens sieht das Bildermagazin H.", Edition Slg. Renate und Günther Hauff, Stuttgart 1979
32 Wilhelm Gall, Malerei des 20. Jahrhunderts, Stuttgart 1979
33 Helmut Heißenbüttel, Stuttgarter Kunst im 20. Jahrh., Stuttgart 1979
34 Thomas Deecke, Über Ben Willikens, Katalog Galerie Jürgen Ahrens, Koblenz 1979
35 FAZ vom 8. 1. 1980
36 Theodore Allen Heinrich, Vanguard 1980 (Canada), „Forms of Realism Today"
37 Karin von Maur, Katalog „Abendmahl", Staatsgalerie Stuttgart 1980
38 Reinhold Wurster, Kunstreport 1980
39 Rudij Bergmann, „Ben Willikens – ein neues Abendmahl" in Kunstforum 1980
40 Lothar Romain, das Kunstwerk 6/1980
41 Hans-Joachim Müller, Die Zeit, 28. 3. 1980
42 Heinz Neidel, Deutsches Allgemeines Sonntagsblatt, 7. 9. 1980
43 Wilhelm Gall, „Sammlung Reinheimer", Kohlhammer-Verlag, Stuttgart, 1980
44 Karin Denicke, Mitteilungen des Institutes für moderne Kunst, Nürnberg Nr. 24/2 Januar 1981

45 Lothar Romain, Über Ben Willikens, Katalog „Transformation eines Raumes – Malerei als Installation", Sprengelmuseum, Hannover 1981
46 Christa von Helmolt, „Thema und Variation: Das Abendmahl", FAZ Magazin vom 8.4.1982
47 Günther Wirth, „Kunst im Südwesten von 1945 bis zur Gegenwart", Verlag Gerd Hatje, Stuttgart 1983
    Günther Wirth, „Malerei der Siebziger Jahre im Südwesten", Kreissparkasse Esslingen-Nürtingen 1983
48 Lucius Grisebach, Katalog Realistische Zeichnungen. Acht Künstler aus der Bundesrepublik Deutschland, Institut für Auslandsbeziehungen 1983
49 Lothar Romain, Katalog „Weseler Altar", Niederrheinischer Kunstverein Wesel, hrsg. vom Institut für moderne Kunst, Nürnberg 1983
50 Dirk Tils, Braunschweiger Zeitung vom 13.7.1983
51 Katharina Hegewisch, FAZ vom 21.11.1983
52 Helmut Schneider, Katalog der Galerie der Stadt Stuttgart, 1983
53 Wolfgang Rainer, Stuttgarter Zeitung vom 16.12.1983
54 Ursula Bunte, Stuttgarter Zeitung vom 3.8.1983
55 Tina Ewerings, Rheinische Post vom 5.5.1984
56 Joh. Hasenkamp, Westfälische Nachrichten, Münster, vom 29.3.1984
57 Nürnberger Zeitung vom 13.4.1984
58 Nürnberger Nachrichten vom 13.4.1984
59 Klaus Martin Wiese, Allgemeine Zeitung, Nürnberg, 13.4.1984
60 Volker Bauermeister, Badische Zeitung vom 28., 29.1.1984
61 Heinrich Klotz, „OKTOGON, Sitzungssaal der Landesbank", Katalog Landesbank Stuttgart 1984, Stuttgart 1984 (Verlag Klett-Cotta)
62 Georg W. Költzsch, „Ben Willikens, Räume", Katalog Moderne Galerie Saarland Museum Saarbrücken 1984, Stuttgart 1984 (Verlag Klett-Cotta)
63 Heinz Neidel, „Ben Willikens: Die Innenwelt der Außenwelt", Faltblattkatalog, Institut für Moderne Kunst, 1984

64 Thomas Grochowiak, Heinz Neidel: Varianten-Sequenzen, Dreißig deutsche Maler", Institut für Auslandsbeziehungen, Stuttgart 1984
65 Thomas Deecke, in Katalog: „Kunstlandschaft der Bundesrepublik, Bd. Stuttgart und Württemberg, Verlag Klett-Cotta, Stuttgart 1984
66 Franz Joseph van der Grinten, „Kunstlandschaft Düsseldorf" in Katalog Kunstlandschaft Bundesrepublik, Bd. Geschichte, Regionen, Materialien, Klett-Cotta, Stuttgart 1984

Fernsehen
1972 Porträt Willikens, eine Selbstdarstellung, von Walter Rüdel, 1. Programm SDR
1973 Interview in der Villa Massimo in Rom, von Hannelore Kelling, 3. Programm SDR
1974 Bericht über die Willikens-Ausstellung im studio f, Ulm, von Barbara Heuss-Czisch, gesendet im 1. Programm SDR
1975 Bericht über den deutschen Beitrag der II. Triennale India, in „Titel, Thesen, Temperamente" im 1. Programm ARD
1980 Bericht über: Ben Willikens – Rauminstallation I, Galerie Ahrens, 1. Programm SWF
1980 Bericht über: „Abendmahl", von Manfred Nägele, 1. Programm SDR
1981 „Weiß ist die heilige Farbe – Alpträume des Ben Willikens". Film von Dietrich Lehmstedt und Ben Willikens. Redaktion Wibke von Bonin, WDR Köln in der Reihe „Kunstgeschichte" WDR 3, SDR 3
1984 „Abendmahl", ein Film von Mainholf Fritzen, ZDF

Rundfunk
1979 Begegnungen; Ben Willikens im Gespräch mit Ekkehard Rudolph, gesendet im SDR

Öffentliche Sammlungen

Staatsgalerie Stuttgart
Nationalgalerie Berlin
Staatliche Grafische Sammlung München
Deutsches Architekturmuseum, Frankfurt
Galerie der Stadt Stuttgart
Galerie der Stadt Karlsruhe
Kunsthalle Kiel
Kunsthalle Tübingen
Kunsthalle Mannheim
Kunsthalle Recklinghausen
Museum Ulm
Museum Bonn
Museum Heilbronn
Museum Schloß Oberhausen
Wilhelm-Hack-Museum, Ludwigshafen
Sprengelmuseum, Hannover
Institut für Auslandsbeziehungen, Stuttgart
Sammlung des Bundestages
Sammlung der Bundesregierung
Sammlung des Landes Niedersachsen
Library of Congress Washington, USA
Nationalmuseum, Neu-Delhi
Musée d'art moderne, Strasbourg